Die 22 schönsten Tiergeschichten für Erstleser

Die 22 schönsten Tiergeschichten

für Erstleser

www.leseloewen.de

ISBN 978-3-7855-7483-6
1. Auflage 2012
© für diese Ausgabe 2012 Loewe Verlag GmbH, Bindlach
Umschlagillustration: Dagmar Henze
Umschlaggestaltung: Elke Kohlmann
Printed in Slovenia

www.loewe-verlag.de

Inhalt

Liebe geht durch den Magen

„Maxi",
ruft Frau Müller.
Der große Bernhardiner
schielt um die Ecke.
Was hat Frauchen
denn da auf dem Arm?

„Darf ich vorstellen?

Das ist Mini,

unser neues Familienmitglied!"

Frau Müller setzt das Hündchen

vor Maxi auf die Erde.

„Seid nett zueinander!",

mahnt sie.

Maxi tut freundlich.

Doch kaum ist Frauchen weg,
knurrt er:
„Was bist du denn
für eine Ratte?"

„Ich bin keine Ratte!",
kläfft Mini empört zurück.
„Sondern ein Hund wie du!"
„Dass ich nicht lache!"

Maxi fletscht die Zähne.
„Geh mir aus den Augen!"
Mini flüchtet in die Küche.
„Weg da!",
bellt Maxi ärgerlich,
als Mini
an seinen Fressnapf geht.
„Ist eh leer!"

Mini schaut sich um.

„Wo ist denn der Nachschub?"

Maxi zeigt mit dem Kopf

zum Küchenbord.

Dort steht das Hundefutter.

Eine ganze Packung voll!

„Vergiss es!",

kläfft Maxi.

„Da komm selbst ich

nicht dran!"

„Alleine nicht,

aber zusammen mit mir!",

schlägt Mini vor.

„Wau",

staunt Maxi.

Mini beginnt ihm zu gefallen.

Gemeinsam springen sie
auf den Küchenstuhl.
Mini klettert
über Maxis Rücken aufs Bord.
Vorsichtig balanciert sie
bis zur Futterpackung.

Ein Stups mit der Schnauze:
Schwups!
Schon liegt das Futter unten.

Und bei ihrem Festmahl
besiegeln die zwei
ihre neue Freundschaft.
Auch Hundeliebe
geht eben durch den Magen!

Ein Feuer zu viel

Timo freut sich riesig!
Gleich wird
das Osterfeuer entzündet.
Fast alle Dorfbewohner
sind zum Festplatz gekommen.

Es gibt Würstchen und Limo.

Und natürlich ist auch

die freiwillige Feuerwehr da.

Wie jedes Jahr.

Damit bloß nichts passiert!

Es dämmert schon,

als die Flammen endlich

hoch in den Himmel lodern.

Schön sieht das aus!

Bill, einer der Feuerwehrleute,
winkt Timo freundlich zu.
„Geh besser auf die andere Seite!
Hier bläst dir der Wind
den Rauch genau ins Gesicht."
Bill hat recht!
Der Qualm brennt Timo
schon in den Augen.
Er dreht sich um.

Und in diesem Moment

sieht er die Rauchfahne!

Ganz hinten am Horizont!

Timo schaut genauer hin.

Ist das ein anderes Osterfeuer?

Nein, in dieser Richtung

gab es noch nie eins.

In dieser Richtung liegt nur ...

der alte Reiterhof!

Ob es dort brennt?

Oh nein!

Die Pferde sind in Gefahr!

Timo rennt los.

Wo ist Bill? – Da!

Aufgeregt packt Timo

den Feuerwehrmann am Ärmel.

„Ich glaube,

der alte Reiterhof brennt!

Schau, da drüben!"

Timo zeigt in Richtung
der grauen Rauchfahne.
Und dann geht alles ganz schnell:
Bill ruft seine Kollegen
und alarmiert die Leitstelle.
Wenige Sekunden später
rast das Löschfahrzeug
schon in Richtung Reiterhof.

Timo schaut ihm nach.

Hoffentlich geht alles gut!

Spät am Abend

klingelt das Telefon.

Es ist Bill.

„Hallo, Timo!

Ich wollte dir nur sagen:

Auf dem Hof

ist alles wieder okay!

Eine Scheune hat gebrannt.
Aber bevor das Feuer das Haus
und die Ställe erreicht hat,
waren wir zum Löschen da.
Weil du so aufmerksam warst!
Weißt du was, Timo? –
Der Pferdepfleger hat gesagt:
Das nächste Hengstfohlen dort
wird Timo getauft ..."

Ein Pferd für Zwei

Mia hat
ein halbes Pflegepferd.
Für die andere Hälfte
ist Kim zuständig.

Pedro steht
zusammen mit anderen Pferden
in einem Reitstall.
Einmal mistet Mia
die Box aus,
am nächsten Tag Kim.

Heute sorgt Mia
für das Futter.
Sie stopft Heu in die Raufe,
füllt das Wasser nach
und schüttet Hafer in die Krippe.
Morgen ist dann Kim dran.

Doch manchmal gibt es Streit
zwischen Kim und Mia.
Oft wollen beide
zur gleichen Zeit reiten.
Und ab und zu wollen
Mia und Kim gleichzeitig
ihr Pferd striegeln.

Pedro ist geduldig.
Aber es macht ihn nervös,
wenn die Mädchen ihn
von zwei Seiten bürsten.

Am schlimmsten aber ist es,

wenn Mia und Kim

herausfinden wollen,

wen Pedro am liebsten mag.

Von wem nimmt er

die Möhre zuerst?

„Blöder Pedro",

schimpft Mia,

wenn Pedro Kims Möhre nimmt.

„Doofer Gaul",

sagt Kim, wenn Pedro

an Mias Möhre knabbert.

Da gibt es schon mal
Streit und Tränen.
Doch auf dem Heuboden
kann man sich versöhnen.

Aber meistens
klappt alles prima.
Ein Pferd für zwei
ist ganz gut,
finden Mia und Kim.

Der Museumsdieb

„Hier Zentrale. Wir haben einen Notfall in der Birnenallee."

Kommissar Kaminsky schreckte hoch. Gerade stand er mit seinem Wagen vor einer roten Ampel und gähnte laut

Schließlich war es noch früh am Morgen und der Kommissar erst auf dem Weg zur Arbeit. Nachdenklich schaute er auf das Polizeifunkgerät in seinem Wagen. Dann seufzte er und griff zum Mikrofon.

„Hier Kaminsky. Ich stehe gerade am Tulpenplatz und kann in fünf Minuten dort sein. Worum geht es genau?"

Es rauschte und knackte im Lautsprecher, dann kam die Antwort: „Im Städtischen Museum ist heute Nacht eingebrochen worden. Wir bekamen einen rätselhaften Anruf des Direktors."

Die Ampel sprang auf Grün. Der Kommissar gab Gas und brummte dabei: „Rätselhaft? Na, dann wollen wir doch mal sehen, ob der gute alte Kaminsky das Rätsel nicht gelöst bekommt."

Genau viereinhalb Minuten später parkte der Kommissar seinen Wagen vor dem Haupteingang des Museums und stieg aus.

Der Direktor kam ihm aufgeregt entgegen: „Guten Tag, Herr Kommissar. Schön, dass sie so schnell gekommen sind. Mein Name ist Pfannenbaum, Direktor Pfannenbaum. Auch wenn ich wohl die längste Zeit Direktor gewesen bin. Wenn der Diebstahl nicht rasch aufgeklärt wird, dann werde ich bestimmt entlassen."

Kommissar Kaminsky beruhigte den aufgeregten Mann: „Na, wollen wir doch erst einmal sehen, was sich wirklich ereignet hat."

Während die beiden Männer das Museum betraten, fragte der Kommissar: „Was genau ist also gestohlen worden?"

Der Direktor zeigte auf ein leeres Podest. „Unser teuerstes Ausstellungsstück: die Krone von Fürst Waldemar dem Schrecklichen. Ganz aus purem Gold und mit wertvollen Edelsteinen."

Langsam lief der Kommissar zweimal um das leere Podest. „Wie wertvoll war sie, diese Krone?"

Der Direktor schlug die Hände über dem Kopf zusammen: „Unbezahlbar!"

Der Kommissar zog eine Lupe aus der Tasche und trat nun näher an das Podest. Plötzlich ertönte eine schrille Sirene. Der Direktor seufzte entschuldigend, ging zu einem Wandkasten und schaltete den Alarm ab. Dabei erklärte er: „Das Podest steht auf einer besonderen Bodenplatte. Ab 20 Kilogramm Belastung auf dieser Bodenplatte wird automatisch Alarm ausgelöst."

Kommissar Kaminsky dachte angestrengt nach. „Wann ging heute Nacht der Alarm los?"

Der Direktor schüttelte den Kopf. „Es gab keinen Alarm."

Der Kommissar beugte sich mit der Lupe über das Podest. Ein roter Faden lag darauf. „Die Krone, lag sie direkt auf dem Podest? Oder ..."

Der Direktor antwortete: „Sie lag auf einem roten Samtkissen."

Kommissar Kaminsky hörte ein
Scharren. Er blickte auf und sah eine
rot getigerte Katze, die auf den Direktor
zutrottete. Der bückte sich und nahm das
Tier gedankenverloren auf den Arm. Die
Blicke des Kommissars gingen zwischen
der Katze und dem leeren Podest hin und
her.

Der Direktor erklärte: „Das ist Poseidon,
unser Museumskater. Er vertreibt die

Mäuse." Dann staunte er: „Poseidon, du hast aber abgenommen. Warst du nicht gestern noch viel schwerer?"

Kommissar Kaminsky schaute sich den Kater genau an und runzelte die Stirn. „Ich widerspreche Ihnen nur ungern, aber Poseidon ist offensichtlich eine Katze und kein Kater." Dann lächelte er. „Ich glaube, der Fall ist so gut wie gelöst."

Der Direktor wollte es nicht glauben. „Wie bitte?" Dabei sprang Poseidon von seinem Arm und lief davon.

Der Kommissar flüsterte: „Psst. Folgen Sie mir!"

Zusammen schlichen sie der Katze nach, die unter einem Vorhang verschwand. Er verdeckte eine kleine Nische unter der Museumstreppe. Hinter dem Vorhang war ein leises Fiepen zu hören. Der Kommissar fasste den Vorhang mit zwei Fingern.

„Herr Direktor, sehen Sie nun den Räuber

Ihrer kostbaren Krone!" Mit diesen Worten zog er den Vorhang beiseite.

Poseidon lag mit fünf neugeborenen Katzenbabys auf dem roten Samtkissen. Dahinter schimmerte es golden: die gesuchte Krone!

Der Direktor klatschte verzückt in die Hände. „Poseidon! Du bist vielleicht ein

Schlingel!" Kommissar Kaminsky steckte seine Lupe in die Tasche. „Poseidons Interesse galt wohl eher dem Kissen als der Krone. Wenn Sie ihr ein weiches Körbchen besorgen, dann können Sie in einer Stunde Ihr Museum wieder öffnen. Mit der Krone von Waldemar dem Schrecklichen auf dem Podest, wo sie hingehört."

Pako spielt Verstecken

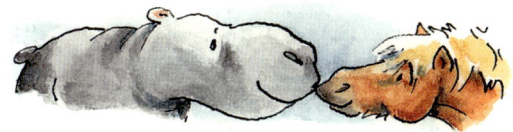

„Oh nein!", stöhnt Tom.
„Pako ist schon wieder ausgebüxt!"
Andauernd müssen die Tierpfleger
das freche, kleine Pony
überall im Zoo suchen.

Gestern hat Pako
die Giraffen besucht.
Letzte Woche hat er
bei den Antilopen gegrast ...
Aber heute ist Pako
wie vom Erdboden verschwunden.
„Hoffentlich ist Pako nicht
in den Krokodil-Graben gefallen!",
murmelt Tom besorgt.

Aber die Krokodile
sind immer noch hungrig.
Dort war Pako also nicht.

Plötzlich hört Tom
ein lautes Platschen
aus dem Nilpferd-Gehege.
Und dann gleich noch eins.
„Zwei Platscher?",
denkt Tom überrascht.

„Das ist aber seltsam.
Wir haben doch
nur noch ein Nilpferd."
Und Hippo, das Nilpferd,
ist schon lange nicht mehr
ins Wasserbecken gesprungen.
Es ist traurig,
weil es so allein ist.

Neugierig schaut Tom nach
und traut seinen Augen kaum.
Hippo und Pako steigen gerade
aus dem Wasserbecken.
Sie nehmen Anlauf und springen
mit Karacho zurück ins Becken.
Das Wasser spritzt so weit,
dass auch Tom ganz nass wird.

Doch das macht ihm nichts aus.

Er freut sich,

dass Hippo so fröhlich ist

und endlich wieder

einen Freund gefunden hat.

Pako darf zu Hippo

ins Nilpferd-Gehege ziehen.

Kleine Ausflüge durch den Zoo

macht er trotzdem

noch ab und zu.

Und dann müssen wieder

alle nach ihm suchen.

Das Überraschungsfest

Anne hat gestern
ihren Geburtstag gefeiert.
Christine ist im Mai geboren.
Leif im Februar, und Burki hat
im November Geburtstag.
Aber keiner von ihnen weiß,
wann ihre Ponys
Geburtstag haben.

„Das ist ungerecht",
findet Burki.
„Die Ponys haben noch nie
Geburtstag gefeiert!"

Anne überlegt.
„Lasst uns doch am Freitag
Pony-Geburtstag feiern",
schlägt sie vor.
Die Idee finden alle prima.

Während der nächsten Tage
sind die vier Freunde
schwer beschäftigt.
Anne und ihre Mama backen
den Kinder-Kuchen.
Leif und Burki
machen Pony-Kuchen
aus Kleie, Hafer und Möhren.
Und zum Schluss verzieren sie
den Kuchen mit Löwenzahn.

Christine packt für jedes Pony
ein Geschenk ein:
Huf-Fett, einen Mähnen-Kamm,
einen neuen Striegel
und einen Hufkratzer.
Die vier Ponys der Kinder
bemerken nichts von den
heimlichen Festvorbereitungen.

Aber am Pony-Geburtstags-Tag
sind die vier Ponys genauso
begeistert wie die vier Kinder.
Am allerbesten finden die Ponys
den Pony-Geburtstagskuchen.
Der schmeckt oberlecker!

Der Spaziergang

Anne hat einen Kanarienvogel. Er heißt
Pumpernickel. Er hat blaue Federn am
Körper und oben am Hals schwarz-weiß
gemusterte. Er sitzt auf der Stange in
seinem Käfig und piept vor sich hin.

Pumpernickel fühlt sich wohl. Jeden Tag
gibt Anne Pumpernickel neue Körner und
frisches Wasser. Nachts hängt Anne ein
Tuch über Pumpernickels Käfig, damit er
seine Ruhe hat und nicht durch Licht
geweckt wird, das vielleicht von Autos auf
der Straße in das Zimmer geworfen wird.
So ist er auch vor Zugluft geschützt.

Es klingelt vorn an der Tür. Anne öffnet. Da steht Klara. Klara hat ihren Puppenwagen auf der Straße stehen und darin hat sie ihr Kaninchen Bert. Das sieht sehr lustig aus, weil sie das Kaninchen mit einer Decke zugedeckt hat. Berts lange Ohren ragen über den Wagenrand.

„Ich will einen Kaninchen-Spaziergang machen. Gehst du mit?", fragt Klara.

„Au ja", antwortet Anne. Sie dreht sich um. Doch wen kann sie mitnehmen auf den Kaninchen-oder-was-auch-immer-Spaziergang? Die Fische von Papa kann man doch nicht mitnehmen! Die durchkreuzen nur stumm das Aquarium.

Plötzlich hellt sich Annes Gesicht auf. Sie holt aus ihrem Zimmer den alten hölzernen Puppenwagen. Für diesen Spaziergang ist er genau richtig. Sie nimmt alle Kissen heraus und rollt ihn zu Pumpernickels Käfig. Sie nimmt den Käfig hoch und stellt ihn in den Wagen. Dann geht sie zu Klara: „Wir können losgehen. Pumpernickel muss ja schließlich auch frische Luft haben."

Pumpernickel hat sich auf die oberste Stange im Käfig gesetzt und schaut fröhlich piepsend in die Gegend. Für den Notfall nimmt Anne noch eine Decke mit, denn Wellensittiche dürfen keinen Zug abbekommen.

Jetzt ziehen sie los. Sie wollen nämlich zum Spielplatz. Anne und Klara müssen immer wieder lachen, wenn Leute stehen bleiben und verwundert in ihre Puppenwagen schauen. Ein Tier-Spaziergang ist viel lustiger als ein Puppen-Spaziergang!

Auf dem Spielplatz ist es windig. Anne nimmt die Decke und breitet sie über den Käfig. Dabei beruhigt sie Pumpernickel: „Jetzt musst du ein wenig im Dunkeln verschwinden. Ich erzähle dir alles, was auf dem Spielplatz passiert."

Und dann beschreibt Anne die Schaukel, die Rutsche und das Labyrinth. Pumpernickel piepst unter seinem Tuch. Klara krault ihr Kaninchen hinter seinen langen Ohren, damit ihm nicht langweilig wird. Irgendwie scheint sich Bert nicht für Annes Erzählung zu interessieren.

„Ob Bert wohl frisches Gras mag?", fragt Klara Anne.

„Klar! Neben dem Labyrinth wächst sogar Klee", antwortet Anne.

Klara hebt Bert aus dem Wagen und setzt ihn ins Gras. Er schnüffelt, hoppelt ein wenig und frisst. „Schade, dass Pumpernickel im Käfig bleiben muss", denkt Anne.

Als Klara sich nach den Kleeblättern bückt, passt sie einen kurzen Moment nicht auf – und schon ist es passiert!

Bert hoppelt davon. Direkt ins Labyrinth!
Klara und Anne laufen aufgeregt hinterher. Nach links, nach rechts, immer tiefer
in die verwinkelten Gänge. Aber Bert
entwischt immer wieder.

„Ich hab ihn!", schnauft Klara endlich
erleichtert. „Aber wie finden wir wieder

zurück?" In der Aufregung haben Anne und Klara nicht auf den Weg geachtet. Die beiden schauen sich ratlos an.

Plötzlich hören sie ein empörtes Piepsen. „Das ist Pumpernickel!", sagt Anne. „Er langweilt sich unter seinem Tuch."

Anne und Klara laufen dem Piepsen entgegen. „Pumpernickel hat uns den Weg aus dem Labyrinth gezeigt!", ruft Anne. „Gut, dass ich ihn mitgenommen habe."

Marcos Geheimnis

Mira und ihre Eltern
sind im Urlaub.
Den ganzen Tag
ist Mira am Meer.

Sie baut Sandburgen,
plantscht im Wasser
und spielt
mit den anderen Kindern.
Am liebsten mit Marco.

Er kennt sich hier
am besten aus.
„Heute zeig ich dir
mein Geheimnis",
sagt Marco zu Mira.
Mira ist sehr neugierig.
Sie läuft hinter Marco her.

Er führt sie
zu einer kleinen Bucht.
Dort ragen Steine
weit ins Meer hinein.
Marco klettert
bis zur Spitze.
Dann steckt er
zwei Finger in den Mund
und pfeift schrill.

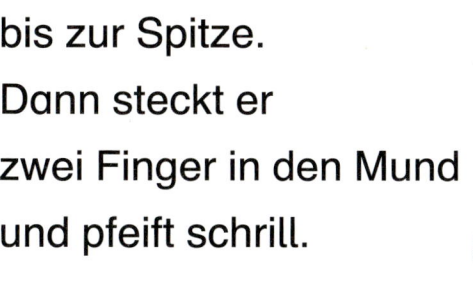

Mira schaut gespannt
aufs Meer.
Was das wohl
für ein Geheimnis ist?
Sie muss
gar nicht lange warten.
Aus dem Wasser
taucht ein Delfin auf.

„Das ist Felix",
sagt Marco.
Er legt sich auf die Steine
und streichelt den Delfin.
Felix schnattert freundlich.
„Der ist ja ganz zahm",
staunt Mira.

Marco erzählt ihr,

wie er den Delfin

kennengelernt hat:

„Ich habe gerade

auf den Steinen gespielt.

Da war er plötzlich da

und hat mir zugeschaut.

Ich hab mit ihm geredet.

Ich glaube,

er versteht jedes Wort."

Das glaubt Mira auch.

„Es ist schön,

einen Delfin

zum Freund zu haben",

flüstert Mira.

„Ich werde dein Geheimnis

auch keinem verraten!"

Nur ein Missverständnis

Heute hat Angela
ihre erste Reitstunde.
Sie ist viel zu früh da.
Maria, die Reitlehrerin,
gibt noch Unterricht.

Angela geht zur Weide,
auf der ein weißes Pony grast.
Sie setzt sich
am Zaun ins Gras
und beobachtet das Pony.

Die Sonne scheint warm
auf Angelas Rücken.
Sie schließt die Augen
und träumt vom Reiten.
Plötzlich zupft jemand
von hinten an ihrem T-Shirt.
„Aufhören!", brummt sie.
Aber das Zupfen
hört nicht auf.

Angela fährt herum.

Ganz dicht vor ihr

ist ein riesiger Ponykopf.

Vor Schreck schlägt sie

die Hände vors Gesicht.

Dabei haut sie dem Pony

aus Versehen auf die Nase.

Das Pony erschrickt auch –

und schnappt zu.

Dann galoppiert es davon.

Maria hat Angelas Schrei gehört
und kommt herbeigelaufen.
Angelas Arm tut sehr weh.
Angela weint.
„Ich will heim", schluchzt sie.
„Ich will gar nicht mehr
reiten lernen!
Ponys sind schreckliche Tiere!"

Maria nimmt Angela in den Arm.

„Ich glaube,

das war ein Missverständnis",

sagt sie.

„Komm mal mit.

Ich stelle dir das Pony vor."

Zögernd geht Angela mit.

Als das Pony Maria sieht,

kommt es sofort angetrottet.

„Das ist Willi",
sagt Maria.
„Willi ist furchtbar neugierig.
Er wollte dir nicht wehtun.
Hier, gib ihm eine Möhre."

Maria hält Willi am Halfter fest.
Zaghaft streichelt Angela das Pony.
Sein Maul ist ganz weich.
Willi pustet warmen Atem
auf Angelas Hand.

Das fühlt sich schön an.

„Möchtest du morgen mal

auf Willi reiten?",

fragt Maria.

Angela nickt.

Maria hatte Recht:

Willi ist wirklich ein nettes Pony.

Pirrel, die Piratenkatze

Kennt ihr den berühmten Piratenkapitän
Kugelohr? Nein?

Was für ein Glück für euch! Ich kenne
ihn nämlich sehr gut. Und ich kann
euch sagen, er ist der schrecklichste
Piratenkapitän, den es gibt. Keiner kann
ihn besiegen. Viele haben es schon
versucht. Ein fremder Pirat hat sogar
einmal eine Pistolenkugel haarscharf an
seinem Kopf vorbeigeschossen. Aber
er traf nur das Ohr. Daher hat Kapitän
Kugelohr seinen Namen: Denn die Kugel
hat ihm ein Loch ins Ohr geschossen.

Woher ich das alles weiß? Ich bin Pirrel, die Schiffskatze auf Kapitän Kugelohrs Piratenschiff. Ich fange die Mäuse und Ratten, damit sie unsere Vorräte nicht anknabbern. Eigentlich habe ich nicht viel zu tun. Das ist auch gut so. Ich bin nämlich schon seit vielen Jahren auf dem Schiff und nicht mehr die Schnellste.

Es könnte ganz gemütlich sein für eine schwache, alte Katze. Aber ständig rauben die Piraten andere Schiffe aus und schießen und prügeln sich. Und wenn sie nichts zu tun haben, dann ärgern sie mich. Einmal haben sie mir die Augen verbunden, und ich wäre beinahe ins Wasser gefallen! Ein anderes Mal haben

sie kleine Mäuse aus Lumpen gebastelt
und sie hin und her geschossen. Ich bin
wie verrückt herumgesprungen, um sie
zu fangen. Ich dachte, sie wären echt!
Irgendwann bin ich erschöpft auf dem Deck
liegen geblieben.

Nun habe ich die Nase voll! Beim
nächsten Landgang steige ich aus und
suche mir ein ruhiges Fleckchen für meine
alten Tage.

Wenige Tage später habe ich Glück. Der
Pirat im Ausguck sichtet eine einsame
kleine Insel.

71

„Wir gehen an Land!", ruft Kapitän
Kugelohr. „Dort werden wir unsere Schätze
vergraben."

Die Piraten werfen den Anker und lassen
die Boote zu Wasser. Alle steigen ein.
Kapitän Kugelohr schnappt mich und
nimmt mich mit auf ein Boot. „Du kannst
uns noch nützlich sein", sagt er höhnisch.
„Dich können wir vorschicken, wenn
es gefährlich wird!" Dann lacht er sein
grausiges Lachen. Mir stehen sofort die
Schnurrbarthaare zu Berge.

Als alle Piraten an Land gehen, kann ich dann endlich entwischen. In einem unbeobachteten Moment klettere ich aus dem Boot und schleiche mich schnell ins lange Gras. Keiner hat etwas bemerkt. Endlich frei!

Neugierig erkunde ich die Insel. Was für seltene Pflanzen es hier gibt! Und überall blühen Blumen in den prächtigsten Farben. Herrlich! Ich wiege mich in Sicherheit, doch Kapitän Kugelohr ist mir dicht auf den Fersen.

„Wo ist Pirrel? Er ist abgehauen! Pirrel,
komm sofort zurück!", höre ich ihn brüllen.

Oje, sie haben es bemerkt. So schnell ich
kann, jage ich durch das dichte Gebüsch.
Plötzlich greift eine Hand nach mir und
reißt mich in die Höhe. Hilfe!

Das war's! Ich bin erledigt. Was die
Piraten wohl mit mir machen? Ich stelle mir
die schrecklichsten Dinge vor – und werde
ohnmächtig.

Als ich wieder aufwache, spüre ich unter
mir ein weiches Kissen. Ich hebe den Kopf.

Da merke ich, dass ich auf einer Bank liege. Um mich herum ist ein Dorf aus Holzhütten aufgebaut. Und dahinter sehe ich gleich das Meer. Viele fremde Menschen laufen herum. Einer von ihnen bemerkt, dass ich aufgewacht bin. Er ruft etwas in einer fremden Sprache. Sofort kommen alle Menschen auf mich zugelaufen. Ach du meine Güte! Ob sie mich gleich braten und essen werden?

Aber nein, sie sind ganz freundlich. Jemand reicht mir eine Riesenportion Fisch, die ich sofort hungrig verschlinge. Dann werde ich gestreichelt und gekrault. Das tut gut!

Plötzlich sehe ich, wie die Piraten hinter den Hütten hervorschauen. Sofort mache ich einen Buckel und fauche.

Die netten Menschen bitten die Piraten höflich in ihr Dorf.

Oje, ich muss die Menschen warnen! Die Piraten werden sie sicher ausrauben!

Doch Kapitän Kugelohr und seine Leute

sind unbewaffnet. Sie tun sehr freundlich.
Aber dann sieht der Kapitän mich auf der
Bank liegen. Er brüllt: „Pirrel! Hab ich's
doch gewusst! Na warte, du kannst was
erleben!"

Ich strecke ihm die Zunge raus. Kapitän
Kugelohr wird dunkelrot im Gesicht und
hüpft wütend auf und ab. Dann nimmt er
einen Stein vom Boden und wirft ihn nach
mir.

Das hätte er besser nicht getan. Die
Menschen aus dem Dorf werden furchtbar
wütend. Sie rufen und schreien wild

durcheinander. Zu Hunderten jagen sie die
Piraten aus dem Dorf.

Ich zeige meine Krallen und fauche
gefährlich.

Wenig später kann ich von meiner Bank
aus sehen, wie das Piratenschiff aufs
offene Meer hinaussegelt.

Was für ein Glück, die kommen sicher nie
wieder.

Aber was wird nun aus mir?

Na, ich werde schön hier bleiben. Denn
besser kann es eine alte Schiffskatze nicht
treffen, oder?

Wisper, das flüsternde Pferd

Luzie kann nie
an der Weide vorbeigehen,
ohne die Pferde
an den Zaun zu locken.

Manchmal hat Luzie
einen Apfel dabei.
Oder eine Möhre.
Oder hartes Brot.

Eines Tages entdeckt Luzie
ein neues Pferd.
Es ist rabenschwarz.
Wunderschön, findet Luzie.
Sie muss viel Geduld haben,
bis der Rappe zum Zaun kommt.

Der Schwarze hält ganz still,

als Luzie ihn am Kopf krault.

„Du bist ein liebes Pferd",

sagt Luzie leise.

„Wie heißt du denn?"

„Wisper",

flüstert das Pferd.

Luzie staunt nicht schlecht.

Ein Pferd kann

doch nicht sprechen!

„Wir können schon",
sagt Wisper.
„Doch meistens wollen wir nicht.
Und wir reden nicht mit jedem."

Luzie wird die Sache
ein bisschen unheimlich.
„Keine Angst",
flüstert Wisper.
„Kann ich jetzt den Apfel
aus deiner Tasche haben?"

Verwirrt hält Luzie
ihm den Apfel hin.
„Danke", sagt Wisper
und nimmt den Apfel
von Luzies flacher Hand.
„Ich muss jetzt gehen",
stottert Luzie nervös
und läuft zu ihrem Rad.

Am nächsten Tag
ist Wisper nicht mehr da.
Luzie ist enttäuscht.
Sie hat noch so viele Fragen!
Aber die anderen Pferde
geben keine Antwort.
Doch Luzie weiß:
Pferde reden nicht mit jedem!

Auf dem Jahrmarkt

Manni verlässt nur zögernd
den Pferdetransporter.
Ein fremder Mann führt ihn
in einen fremden Stall,
in dem fremde Ponys
neugierig die Köpfe
über die Boxentüren strecken.

„Das ist deine Box."
Der Mann klopft Manni
freundlich auf den Hals.
Der Mann schüttet Hafer
und geschnittene Mohrrüben
in die Futterraufe.
„Bis morgen", sagt er.
„Schlaf gut!"

Manni knabbert
an seinen Mohrrüben.
Aber er ist zu aufgeregt,
um viel zu fressen.

„Hey, Neuer",
wiehert eins der Ponys.
„Wie heißt du?"
Manni schaut schüchtern
über die Boxentür.
„Manni", antwortet er.
Nacheinander stellen sich
die fünf anderen Ponys vor.

Sie heißen: Rolf, Kira, Elfi,
Puschkin und Bobo.
„Gehört ihr alle einem Kind?",
fragt Manni erstaunt.
„Nein", antwortet Puschkin.
„Wir gehören allen Kindern,
die uns haben wollen –
zumindest für zehn Minuten."

Manni versteht nur Bahnhof.

„Wir sind Jahrmarkt-Ponys",

erklärt Kira.

„Die Kinder kaufen eine Karte,

dann dürfen sie

zehn Minuten auf uns reiten."

„Und dann?", fragt Manni.

„Sie steigen ab,
und das nächste Kind
reitet eine Runde auf uns",
antwortet Bobo.
„Manche Kinder treten
uns in die Seite,
um uns zum Galopp anzutreiben",
erzählt Elfi.
„Das ist gemein."

„Aber die meisten Kinder
freuen sich riesig,
dass sie mal reiten dürfen",
sagt Rolf.

„Magst du Kinder?", fragt Puschkin.
Manni nickt.
„Dann wird es dir sicher
bei uns gefallen", sagt Kira.
Das glaubt Manni auch.

Der Neue

Hanna und Lilly satteln
ihre Ponys.
„Wie findest du den Neuen?",
fragt Hanna.
„Doof!", antwortet Lilly.

Hanna findet den Jungen
eigentlich ganz nett.
Aber das kann sie
jetzt nicht mehr zugeben.

Der Neue führt
sein Pony aus dem Stall.
„Hallo. Ich heiße Yannick",
sagt er freundlich.
„Wollt ihr auch ausreiten?"
„Ja", antwortet Lilly,
„aber allein!"
Der Junge wird rot.
Dann sitzt er auf
und reitet los – allein.

„So unfreundlich hättest du
auch nicht sein müssen!",
findet Hanna.
Lilly zuckt mit den Schultern.
Die beiden Mädchen reiten
in den Wald.
Timo und Dodi, ihre Ponys,
galoppieren und traben.
So macht Reiten Spaß!

Doch plötzlich lahmt Dodo.

Lilly steigt sofort ab

und untersucht Dodos Beine.

„Ist Dodo verletzt?",

fragt Hanna erschrocken.

„Ich weiß es nicht",

antwortet Lilly.

„Aber ich laufe lieber."

Hanna steigt auch ab.

Es ist furchtbar weit
zurück zum Ponyhof!
Außerdem machen die Mädchen
sich Sorgen um Dodo.
Auf einmal hören sie
Hufgetrappel hinter sich.

Es ist der Neue
mit seinem Pony.
Yannick merkt sofort,
dass Dodo lahmt.

„Lass mich mal sehen!",
sagt er.
Zuerst tastet er Dodos Beine ab.
Dann untersucht er die Hufe.
Dodo hat einen Stein im Huf!
Yannick holt ihn heraus.

„Jetzt kannst du wieder reiten",

sagt er zu Lilly.

Es stimmt.

Dodo lahmt nicht mehr.

„Wollen wir zusammen reiten?",

fragt Lilly.

Yannick grinst Hanna und Lilly an.

„Warum nicht!", antwortet er.

Jojo kann doch etwas

Uli kann mit ihrem Pony Juli
über Hindernisse springen.
Isa kann mit ihrem Pony Pit
über eine Wippe laufen.

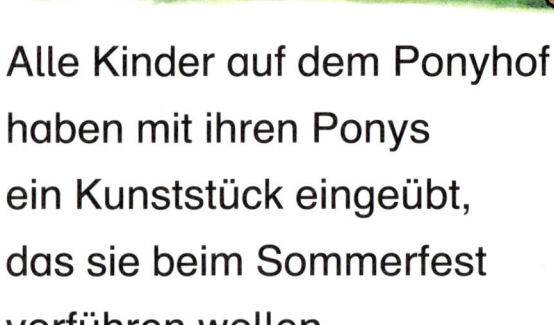

Alle Kinder auf dem Ponyhof
haben mit ihren Ponys
ein Kunststück eingeübt,
das sie beim Sommerfest
vorführen wollen.

Nur Robins Pony Jojo kann nichts.

Dabei war Jojo früher beim Zirkus,

allerdings nur im Streichelzoo.

Die anderen Kinder sind

mit ihren Ponys

auf der Koppel und üben.

Robin mag heute nicht reiten.

Er schämt sich,

weil Jojo gar nichts kann.

Nur Lonni, den Pferdepfleger,
fragt Robin:
„Meinst du nicht,
dass ich Jojo noch etwas
beibringen könnte?"
Lonni krault Jojo
hinter den Ohren.

„Ich fürchte, Jojo ist zu alt,
um jetzt noch Kunststücke
zu lernen", antwortet er.
„Hol ihn mal aus der Box.
Ich muss die Tür reparieren."

Dann schaltet Lonni
sein Radio ein.
Lonni hört immer Radio
beim Arbeiten.
Robin führt Jojo aus der Box.
Plötzlich wackelt das Pony
mit dem Kopf,
macht seltsame, schnelle Schritte
und dreht sich im Kreis.

„Jojo!", ruft Robin besorgt.

„Bist du etwa krank?"

„Jojo ist nicht krank",

beruhigt Lonni den Jungen.

„Aber Jojo kann doch

ein Kunststück:

Walzer tanzen!"

Robin strahlt.

Jetzt kann er mit Jojo

doch etwas vorführen!

Hundewetter

Opa steht am Fenster
und seufzt:
„Heute regnet es
junge Hunde!"
Milli kriegt große Ohren.
„Lass uns rausgehen, Opa!"

„Bei dem Wetter?",
ruft Opa erstaunt.
„Na, gerade",
lacht Milli.

Schon hat sie
ihre Regenjacke angezogen.
Und ihre Gummistiefel.
„Na, komm schon!"
Opa nimmt
den größten Regenschirm
und stapft Milli hinterher.

Es gießt in Strömen.

„Wo sind die denn alle?",

fragt Milli endlich.

„Wer denn?",

will Opa wissen.

„Die ganzen jungen Hunde!"

Opa muss schmunzeln:
„Ach, Milli,
das ist doch nur
so eine Redensart,
weiter nichts.
Wenn es ganz doll schüttet,
sagt man:
‚Es regnet junge Hunde!'"

Doch Milli hört
gar nicht zu.
Da fiept doch was!
Milli weiß gleich,
woher das Fiepen kommt.
Unter dem Busch sitzt
ein winselndes Hundebaby.
Pitschnass und ganz allein.

„Es hat ja wirklich
Hunde geregnet!",
ruft Milli glücklich.
Behutsam steckt sie
den Welpen
unter ihre warme Jacke.
„Beim nächsten Regen
gehen wir wieder spazieren.
Nicht wahr, Opi?!"

Die Schlange im Klo

„Der hat wirklich eine Schlange", sagt
Fabian zu Mama. „Der Florian von
nebenan."

Dort sind nämlich neue Leute einge-
zogen, und Fabian ist eben hinüber-
gegangen, um zu schauen. Fabian wartet
nämlich auf jemanden, mit dem er spielen
kann. Und da hat auf einmal Florian vor
ihm gestanden. Florian hat gefragt, ob
Fabian Lust hat, mal zu gucken, was er in
seinem Zimmer hat. Und Fabian ist
mitgegangen.

In der Ecke des Zimmers steht ein
großer Glaskasten. In diesem Terrarium,
Fabian hätte sich fast erschrocken, liegt
eine große Schlange.

„Die ist überhaupt nicht gefährlich", hat
Florian zu Fabian gesagt. „Es denken
nur alle Leute, dass Schlangen gefährlich
sind."

Und jetzt steht Fabian in der Küche bei Mama und sagt ihr: „Der hat wirklich eine Schlange, eine Schlange als Haustier. Das hat er mir erzählt."

Mama schüttelt nur den Kopf. „Wie kann man eine Schlange haben? Das sind doch gefährliche Tiere. Und dann noch als Haustier."

„Das ist anders", sagt Fabian. „Der Florian hat mir extra erklärt, dass Schlangen nicht immer gefährlich sind. Dass es gefährliche gibt und ganz ungefährliche. Und diese hier ist eine ganz ungefährliche Schlange."

Am nächsten Tag klingelt es Sturm. Florian steht vor der Tür.

„Meine Schlange ist weg", sagt er. „Sie ist einfach weg." Er ist ganz aufgeregt.

„Die Schla-Schlange ist weg? Da-das kann doch gar nicht sein", stottert Fabian.

Da steht seine Mama auch schon hinter ihm. „Siehst du, hab ich's nicht gesagt? Schon haben wir den Zirkus."

Fabian ist es peinlich, wie seine Mama reagiert. Er beißt sich auf die Lippen. Aber irgendwie hat sie auch recht.

Tage vergehen, alle wundern sich. Sie haben wirklich alles abgesucht. Sie haben unterm Tisch geguckt und hinterm Schrank und auf dem Schrank und unterm Bett und unterm Klo und hinterm Badezimmerschrank und an der Badewanne und in der Badewanne und hinter der Dusche und in den Handtüchern. Nirgendwo war die Schlange. Sie haben in Fabians Wohnung geguckt und in Florians. Die Schlange ist verschwunden.

Fabian sitzt auf dem Klo. Er überlegt sich dabei, wo die Schlange wohl sein könnte. Er steht auf, er zieht sich die Hose hoch.

Auf einmal taucht etwas Grünes neben dem Klodeckel auf. Fabian schreit, knallt die Badezimmertür zu, ruft ganz laut: „Die Schlange, die Schlange!" Und dann rennt er rüber zu Florians Wohnung und klingelt. Florian macht sofort auf.

„Die Schlange ist wieder da! Die Schlange ist wieder da!"

„Wo denn?", fragt Florian aufgeregt.

„Neben unserem Klo, hinter dem Schrank hat sie wohl gesteckt." Da gibt es nämlich eine Warmwasserleitung, und wo es dunkel und warm ist, fühlt sich die Schlange einfach wohl.

Da haben sie doch nicht gründlich genug gesucht! Florian packt die Schlange, nimmt sie mit hinüber ins Terrarium, in dem er Blätter und Erde hat. Die Schlange nistet sich sofort ein, als wolle sie zeigen, dass sie hier zu Hause ist.

„Ist sie nicht schön?", flüstert Florian. Die Haut der Schlange glänzt golden und grün.

„Ja", sagt Fabian.

Und dann beobachten sie die Schlange, die sich mit ihrer wunderbar glänzenden Haut langsam in den Blättern windet. Kaum zu glauben, dass diese harmlose Schlange so viel Aufregung verursacht hat.

Hitzefrei!

Heute fallen die letzten
zwei Schulstunden aus.
Hitzefrei!
„Prima!", meint Lars.
„Dann können wir
gleich in den Reitstall!"

Lars, Eva und Sina
radeln los.
Die Pferde stehen faul
auf der Weide.
Unter den Bäumen
suchen sie Schatten.

Im Stall
ist es furchtbar stickig.
„Das ist ja nicht
zum Aushalten", stöhnt Eva.

Da hat Erwin, der Reitlehrer,
eine gute Idee:
„Die Pferde bekommen
auch hitzefrei.
Heute gehen wir alle
zum Badesee."

Die Kinder führen
die Pferde an den Halftern
zum See hinunter.
Das Ufer ist flach
und das Wasser ganz warm.
Romeo, der Rappe,

traut sich als Erster

ins Wasser.

Pulli und Flicka

sind vorsichtiger.

Aber dann merken sie,

wie schön es im Wasser ist.

Allen macht es großen Spaß,
das Toben und Plantschen,
das Spritzen und Spielen!

Lars klettert sogar
auf Romeos Rücken.
Der ist nass und glatt.
Plumps!

Lars liegt im Wasser.

„Das war richtig toll",

meint Eva, als sie später

zusammen ein Eis essen.

„Wir und die Pferde

sollten öfter zusammen

hitzefrei haben!"

Der Kosakenhang

Uwe will unbedingt
Reiten lernen.
Endlich geben die Eltern nach.
Uwe meldet sich stolz
im Reitstall an.

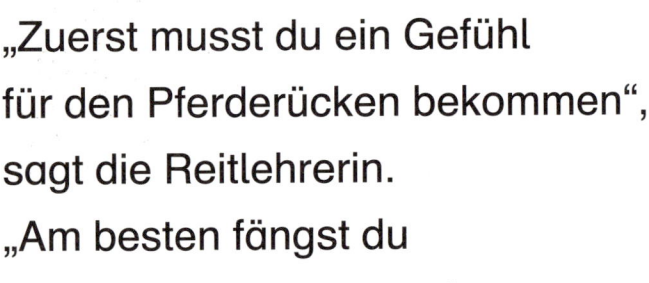

„Zuerst musst du ein Gefühl
für den Pferderücken bekommen",
sagt die Reitlehrerin.
„Am besten fängst du
mit dem Voltigieren an."

„Woll-ti-schie-ren?",
fragt Uwe erstaunt.
Was soll denn das sein?
Bald begreift er,
was damit gemeint ist:
Das Pferd läuft im Kreis
an einer langen Leine.

Uwe lernt,
neben dem Pferd herzurennen
und im Laufen aufzuspringen.
Er lernt zu galoppieren,
ohne sich festzuhalten.
Manchmal kniet er sogar
auf dem Pferderücken.

Oder er reitet verkehrt herum.

Bald fühlt Uwe sich

auf dem Pferd ganz sicher.

Eines Tages schauen seine Eltern zu.

Uwe zeigt ihnen,

was er alles schon kann.

Besonders stolz ist er

auf den „Kosakenhang":

Kopf nach unten,

ein Bein in die Luft!

Es sieht schwieriger aus,

als es ist.

Mama wird bleich.

„Und das soll Reiten sein?",

fragt sie hinterher.

„Ist es", antwortet Uwe.

„Und es macht riesigen Spaß!"

Ein Pony beim Frisör

Lauras Pony heißt Maja.
Maja hat glänzendes
goldbraunes Fell,
eine weißblonde Mähne –
genau wie Laura –
und einen langen lockigen Schweif.

In den Sommerferien
muss Laura mit ihren Eltern
nach Italien fahren.
Drei Wochen ohne Maja!
Wie soll sie das aushalten!

Die ganze Zeit
freut sich Laura
auf zu Hause – und auf Maja!
Aber als sie zur Weide kommt,
erkennt sie Maja kaum wieder.

Majas glänzendes Fell
ist stumpf und staubig.
Ihre Mähne ist verfilzt.
Und im langen Schweif hängen
Kletten, Gras und Zweige.
„Höchste Zeit für ein Bad!",
sagt Laura entschlossen.

Sie geht mit Maja
im Waldsee schwimmen.
Danach striegelt sie ihr Pony,
bis das Fell seidig schimmert.
Doch die Knoten und Kletten
in Schweif und Mähne
bekommt Laura einfach nicht raus.
„Da hilft nur eins", sagt Laura.

Sie sattelt Maja
und reitet in die Stadt.
Vor dem Frisörsalon Adrian
steigt sie ab
und führt Maja hinein.

„Einmal schneiden, bitte!",
sagt Laura.
„Setz dich", sagt Herr Adrian.
„Das Pony kannst du
im Hof anbinden!"
Laura schüttelt den Kopf.

„Aber *Maja* braucht doch
den Haarschnitt!", sagt sie.

„Was?", ruft der Frisör.
„Das Pony?
Ich weiß doch gar nicht,
wie Ponys in diesem Jahr
ihre Mähne tragen!"
„Kurz!", antwortet Laura.
Da muss Herr Adrian lachen.

„Überredet", sagt er.
Und dann schneidet er Maja
die beste Pony-Kurzhaar-Frisur
der ganzen Stadt.

Mein Freund Smörre

Meine Eltern haben
eine kleine Elchfarm
in der finnischen Taiga.
Tagsüber laufen die Elche
frei über das Land.
Abends kommen sie zurück
und werden von uns gemolken.

„Komm mal mit, Jesse",
sagen meine Eltern
eines Morgens geheimnisvoll.
Wir gehen in den Stall.
Da liegt unsere Elchkuh Lisa
mit drei neugeborenen Jungen!
„Drei sind zu viel für Lisa",
sagt mein Vater besorgt.

„Dafür reicht ihre Milch nicht.

Wenn du willst, kannst du eins

mit der Flasche großziehen."

Ich freue mich so sehr,

dass ich gar nichts sagen kann.

Dann suche ich mir

einen kleinen Elch aus.

„Und, wie soll er heißen?",

fragt meine Mutter neugierig.

„Smörre", antworte ich leise.

Jeden Tag bekommt Smörre

sechs Fläschchen Milch von mir.

Und den ganzen Tag

läuft er hinter mir her.

Total lustig ist das.

Ich bin ja jetzt seine Mutter.

Eines Tages,
wenn Smörre und ich groß sind,
reiten wir gemeinsam
durch die Taiga.
Denn wir sind jetzt schon
richtig dicke Freunde.

Die Raubkatze

Mein Freund Spencer und ich wühlten wie
jede Nacht in den Mülltonnen des Viertels.
Als ausgewachsener Straßenkater hat
man ja praktisch immer Hunger. Und in
den Mülltonnen gibt es sooo viele leckere
Sachen: Fischköpfe, Milchreste, halb
volle Sahnebecher oder sogar ein Glas
mit Nougatcreme-Resten – mmmh, meine
Lieblingsspeise!

Als wir um die Ecke hinter der Schule
bogen, staunte Spencer: „Hier sieht
es ja aus, als wäre Weihnachten im
Katzenhimmel. Was glaubst du, Zorro, ob
hier die Müllabfuhr streikt?"

Ich überlegte kurz. Dabei strich ich mit der Vorderpfote meine Barthaare glatt. „Ich schätze, es ist mal wieder Sperrmüll. Lass uns sehen, ob wir wieder etwas Tolles finden. Erinnerst du dich noch an das Skateboard im letzten Jahr?"

Spencer kicherte. Zusammen waren wir damals den ganzen Schulberg hinab-gesaust. Obwohl wir unten leider im Bach landeten, hatten wir riesigen Spaß dabei.

Wir flitzten hinüber und wühlten in einem großen Berg alter Zeitungen. Da ließ uns ein gefährliches Knurren aufhorchen. Mir sträubten sich die Nackenhaare. Ich brauchte mich gar nicht umzudrehen. Meine Nase wusste sofort Bescheid: Ein Hund! Das Knurren wurde lauter und gefährlicher. Ich sah zu Spencer hinüber und nickte unauffällig. Gleichzeitig rasten wir los. Oh Schreck, es war nicht nur ein Hund. Eine ganze Meute machte Jagd auf uns! Spencer und ich flitzten um den Müllberg.

„Ich hasse Hunde!", hechelte Spencer.

Ich überlegte. Spencer und ich waren gut in Form, wir hätten die halbe Nacht so rennen können. Aber irgendwie mussten wir die Hunde loswerden. Wir bogen in eine dunkle Nebengasse ein. Auch hier standen überall Stühle, Schränke und Kisten für den Sperrmüll herum. Aus den Augenwinkeln sah ich ein altes Löwenfell, völlig verdreckt und durchlöchert. Da hatte ich den rettenden Einfall.

Ich rief Spencer zu: „Kannst du eine große Runde drehen und in ein paar Minuten noch mal durch diese Gasse flitzen?"

„Klar, Zorro."

Wir bogen aus der Gasse. Während Spencer weiterrannte, hüpfte ich in einen dunklen Hauseingang und drückte mich in den Schatten. Die Hunde kamen kläffend ums Eck gebogen. Sie rasten weiter hinter Spencer her.

Schnell huschte ich wenige Meter zurück, wo ich das alte Löwenfell aus dem Müllberg zerrte. Dazu schubste ich eine leere Weinkiste in die Mitte der Gasse. Nun zog und zerrte ich, bis das Fell über der Kiste lag, und kroch darunter.

Keine Sekunde zu früh. Schon kam Spencer wieder angerannt. Er bremste vor Schreck, als er das Löwenfell sah.

Ich zischte: „Komm schnell unter das Fell!" Spencer schlüpfte zu mir. Da folgten auch schon die Hunde.

Wir warteten, bis sie nahe genug waren.
Dann brüllten Spencer und ich aus Leibes-
kräften mit unserer tiefsten Stimme:
„Roaaaaaaaaar!!!"

Es klang fürchterlich. Die Hunde-
stoppten und purzelten übereinander.
Unser zweites „Roaaaaaaaaar" ließ die
Hunde jämmerlich aufjaulen. Sie kniffen
die Schwänze ein und rasten in panischer
Angst davon.

Lachend krochen wir unter dem Fell hervor. Spencer maunzte: „Zorro, du bist ein Genie!"

Ich nickte bescheiden, knuffte das Löwengesicht mit der Pfote und sagte: „Danke, Kumpel. Wir Katzen müssen eben zusammenhalten."

Trotzdem hatten wir vorerst genug von unseren Sperrmüll-Abenteuern. Die Mülltonnen riefen zum Abendessen.

Mein bester Freund

Kleiner Wolf ist neugierig.
Ob die Biber am Fluss
schon Junge haben?

Mama macht sich Sorgen:
„Du willst allein ausreiten?"
„Den Weg zum Fluss
kenne ich im Schlaf",
behauptet Kleiner Wolf.
Mama seufzt.
„Aber nicht mit Sturmwind.
Nimm Abendstern."

Kleiner Wolf mault:

„Den alten Gaul!"

Aber Mama bleibt hart.

Also sattelt Kleiner Wolf

Abendstern und reitet los.

An den drei Bäumen
muss er links abbiegen.
Dann immer der Nase nach.

Endlich hat Kleiner Wolf
die Biberburg erreicht.
Doch die Biber
lassen sich nicht blicken.

Ein Indianer muss
geduldig sein.
Kleiner Wolf wartet
im Schatten der Bäume.
Zum Glück hat Mama ihm
eine Flasche mit Wasser
und Maiskuchen eingepackt.
Abendstern grast neben ihm.

Gegen Abend

kommen die Biber heraus.

Wie niedlich, drei Junge!

Kleiner Wolf ist begeistert.

Lange schaut er ihnen zu.

Abendstern wird unruhig.

Höchste Zeit für den Heimweg!

Endlich steigt

Kleiner Wolf auf.

Nanu, der Weg teilt sich.

Jetzt rechts oder links?

Was für ein komischer Baum!

Daran ist Kleiner Wolf

noch nicht vorbeigekommen!

Kleiner Wolf hat Angst.

Er hat sich verirrt.

Und es wird schon dunkel!

Abendstern merkt,

dass sein Reiter die Zügel

hängen lässt.

„Ich weiß nicht mehr weiter",

weint Kleiner Wolf.

Aber der kluge Abendstern

findet sogar im Dunkeln heim.

Kleiner Wolf ist so froh,
als er die Zelte sieht.
„Du bist mein bester Freund",
sagt Kleiner Wolf.
„Nie wieder werde ich dich
einen alten Gaul nennen!"

Quellenverzeichnis

S. 7 – 14
Julia Boehme, *Liebe geht durch den Magen*, aus: dies., Lesepiraten-Hundegeschichten, farbig illustriert von Erhard Dietl.
© 2002 Loewe Verlag GmbH, Bindlach

S. 15 – 22
Katja Reider, *Ein Feuer zuviel*, aus: dies., Lesepiraten-Fohlengeschichten, farbig illustriert von Heike Wiechmann.
© 2007 Loewe Verlag GmbH, Bindlach

S. 23 – 27
Marliese Arold, *Ein Pferd für Zwei*, aus: dies., Lesepiraten-Pferdegeschichten, farbig illustriert von Dorothea Ackroyd.
© 1999 Loewe Verlag GmbH, Bindlach

S. 28 – 36
Gerit Kopietz und Jörg Sommer, *Der Museumsdieb*, aus: dies., Leselöwen-Katzengeschichten, farbig illustriert von Pieter Kunstreich.
© 2002 Loewe Verlag GmbH, Bindlach

S. 37 – 42
Sabine Rahn, *Pako spielt Verstecken*, aus: dies., Lesepiraten-Ponygeschichten, farbig illustriert von Dorothea Ackroyd.
© 2001 Loewe Verlag GmbH, Bindlach

S. 43 – 47
Sabine Rahn, *Das Überraschungsfest*, aus: dies., Lesepiraten-Ponygeschichten, farbig illustriert von Dorothea Ackroyd.
© 2001 Loewe Verlag GmbH, Bindlach

S. 48 – 54
Elisabeth Zöller, *Der Spaziergang*, aus: dies., Leselöwen-Tierfreundegeschichten, farbig illustriert von Wilfried Gebhard.
© 2008 Loewe Verlag GmbH, Bindlach

S. 55 – 61
Marliese Arold, *Marcos Geheimnis*, aus: dies., Lesepiraten-Delfingeschichten, farbig illustriert von Heike Wiechmann.
© 2009 Loewe Verlag GmbH, Bindlach

S. 62 – 68
Sabine Rahn, *Nur ein Missverständnis*, aus: dies., Lesepiraten-Ponygeschichten, farbig illustriert von Dorothea Ackroyd.
© 2001 Loewe Verlag GmbH, Bindlach

S. 69 – 77
Sandra Grimm, *Die Piratenkatze*, aus: dies., Leselöwen-Katzengeschichten, farbig illustriert von Silke Voigt.
© 2008 Loewe Verlag GmbH, Bindlach

S. 78 – 83
Marliese Arold, *Wisper, das flüsternde Pferd*, aus: dies., Lesepiraten-Pferdegeschichten, farbig illustriert von Dorothea Ackroyd.
© 1999 Loewe Verlag GmbH, Bindlach

S. 84 – 90
Sabine Rahn, *Auf dem Jahrmarkt*, aus: dies., Lesepiraten-Ponygeschichten, farbig illustriert von Dorothea Ackroyd.
© 2001 Loewe Verlag GmbH, Bindlach

Noch mehr spannende Taschenbuch-Abenteuer für Erstleser

ISBN 978-3-7855-7313-6

ISBN 978-3-7855-7481-2

ISBN 978-3-7855-7482-9